ANNO

Les fables d'Esope
lues par Maître Renard

Traduction du japonais par Colette Diény
Postface de Geneviève Patte

circonflexe

Sommaire

Fables d'Ésope

Le renard et les raisins	4
Les voyageurs et l'ours	6
Le chien qui porte de la viande	8
La tortue et le lièvre	10
L'âne revêtu de la peau du lion et le renard	12
Le chien et le renard	13
Le vieux lion et le renard	14
La chèvre et le renard	15
Le renard qui n'avait jamais vu de lion	16
L'âne sauvage et l'âne domestique	18
L'âne qui portait du sel	19
La chèvre et l'âne	20
L'âne et l'ânier	21
L'homme et la cigale	22
La fourmi	23
L'homme et le renard	24
Le corbeau et le renard	25
La cigale et les fourmis	26

LES FABLES DE MONSIEUR RENARD

Il était une fois un certain Renardeau. Un jour, à la lisière d'un bois, il trouva un objet étrange. Quelqu'un l'avait-il laissé là ? Ou, pour être aussi sale, était-il tombé d'un camion à ordures ? Comment savoir ?

Renardeau était d'un naturel curieux. Il rapporta l'objet chez lui pour le montrer à son papa. Papa Renard lui apprit que cela s'appelait un « livre »,

Le loup et le héron	29	Le renard et le berger	51
Le renard et la cigogne	30	Le brigand et le mûrier	52
Le berger qui criait au loup	34	Le noyer	53
Les enfants du laboureur	36	Les bûcherons et le pin	54
La poule aux œufs d'or	38	Les chênes et Zeus	55
L'avare	39	Le bûcheron et Hermès	56
Les deux chiens	40	Le naufragé et la mer	58
Le laboureur et les chiens	41	Borée et le Soleil	59
La femme et ses servantes	42	Les navigateurs	60
La femme et la poule	43	Les deux ennemis	61
Le rat de ville et le rat des champs	44		
Le forgeron et son chien	46		
Le joueur de lyre	47	*Les Fables de Monsieur Renard*	2
La magicienne	48		
L'astronome	49		
Le chasseur peureux et le bûcheron	50	*Postface*	63

une chose que lisent les hommes. « Eh bien, lis-le-moi » dit Renardeau. « J'ai sommeil, je te le lirai demain » répondit le papa sans plus s'en occuper...

Mais Renardeau revenait sans cesse à la charge, et Papa Renard, après avoir ronchonné comme s'il allait réellement s'endormir, se mit enfin à lire, à lire ce qui est écrit dans ce livre.

Mais pourquoi Papa Renard faisait-il mine de vouloir dormir ? Laissons cela de côté pour l'instant et découvrons ces histoires.

Le renard et les raisins

Un renard affamé vit des grappes de raisin bien mûres qui pendaient à une treille. Il voulut aussitôt les attraper, mais n'y arriva pas. Alors il s'en alla, se disant à lui-même : « Ces raisins sont trop verts ! »

*Ce que l'on ne peut obtenir,
on dit qu'on n'en veut pas.*

    Regarde sur la page de droite : on dirait un chanteur... Mais comment s'appelle-t-il ?... Voyons, ne serait-ce pas Roméo ?
    Mais oui, pas de doute : « Roméo chante une chanson » dit le livre. « Mademoiselle, Mademoiselle, montrez-vous. » Voilà ce qu'il chante. Elle est bête, sa chanson.
    La grand-mère lui dit : « Va-t'en, tu nous ennuies ! » Et, par la fenêtre, elle

brandit un masque d'idiot. C'est que, voulant se marier, Roméo avait remarqué ici une jeune fille. Et comme celle-ci ne se montrait pas, il avait commencé à se décourager.

Alors il s'est mis à chanter : « Au lieu d'une demoiselle, j'entends une grand-mère. Au lieu d'une grand-mère, je vois un masque d'idiot ! Au village voisin, c'est bien différent : une demoiselle, c'est une demoiselle. »

Les voyageurs et l'ours

Deux amis cheminaient sur la même route. Un ours, soudain, leur apparut. Le premier monta vite sur un arbre et s'y tint caché ; l'autre, sur le point d'être pris, se laissa tomber sur le sol et fit le mort. L'ours approcha son museau de lui et le flaira partout. Mais l'homme retenait sa respiration, comme s'il était mort — car il paraît que l'ours ne touche pas à un cadavre.

Ah ! Cette page est faite pour compter. « Combien d'ours et combien d'hommes, et en tout combien de personnages ? » voilà ce qu'il faut calculer.

« Peut-on additionner des ours et des hommes ? » demande-t-on. C'est embarrassant, mais c'est possible, alors que des glands et des hommes, on ne peut pas.

Ici, un homme est tombé de l'arbre. Un ours est arrivé et lui lèche

Une fois l'animal éloigné, l'homme qui était sur l'arbre descendit et demanda à l'autre ce que l'ours lui avait dit à l'oreille : « De ne plus jamais voyager avec des amis qui vous abandonnent quand il y a danger. »

On reconnaît ses vrais amis quand on a des malheurs.

soigneusement l'oreille... Je crois que j'ai déjà entendu cette histoire...
Après le départ de l'ours, l'autre homme descend de l'arbre. « L'ours t'a-t-il dit quelque chose ? » demande-t-il à son compagnon. « Il a dit de ne pas grimper sur un arbre avec quelqu'un qui est capable d'abandonner un ami et de s'enfuir » répond celui-ci. C'est ce que je lis. Bien sûr, l'ours n'a pas dit cela. C'est l'homme étendu par terre qui a dit ce qui lui passait par la tête !

Le chien qui porte de la viande

Un chien traversait une rivière en tenant un morceau de viande. Ayant aperçu son ombre dans l'eau, il crut que c'était un autre chien, tenant un morceau de viande plus gros. Aussi, lâchant le sien, il sauta pour attraper celui de l'autre. Mais il n'eut ni l'un ni l'autre, puisque l'un n'était qu'un reflet et n'existait pas et que l'autre fut entraîné par le courant de la rivière.

Voilà une fable pour les gens envieux.

« Il était une fois un chien » dit le livre. D'où vient-il ? On n'en sait rien. Il ne porte pas de collier, c'est donc un chien errant. Comme il n'est pas enchaîné, un chien errant peut aller n'importe où, mais il doit chercher lui-même sa nourriture.

Regarde ce chien. Il vient de trouver un morceau de viande. Où cela ? Ce pêcheur à la ligne doit le savoir ! Mais compte un peu pour voir : il y a quatre chiens, non ? Hé là ! Attention, tu comptes aussi les reflets dans l'eau !

Comptons encore. 4 divisé par 2 égale 2... Hum ! Non, ce n'est pas cela. Tu as raison, Renardeau : il n'y a qu'un seul chien qui se promène. Cette image est difficile à comprendre... Ah ! Je vois : il a pris son propre reflet dans l'eau pour un autre chien, et il a aboyé car il voulait avoir l'autre morceau de viande. La viande qu'il tenait dans sa gueule est alors tombée dans l'eau. Plouf !

D'ailleurs regarde bien le chien qui est dans l'eau. Il n'a plus de viande, lui non plus. « C'est bien fait pour toi ! » lui dit le chien d'en haut.

La tortue et le lièvre

Quand une fourmi tombe dans l'enfer des fourmis, elle est mangée avec les aliments qui s'y trouvent. Mais pourquoi ne remonterait-elle pas de cet enfer des fourmis ? Pas la peine de se poser la question : une fourmi, un mortier, c'est petit, on s'en moque.
Par contre, au fond d'un vallon, c'est dangereux, dit le lièvre. Ce qui est épatant, c'est qu'au fond du vallon il y a la mer : tout va bien, la tortue est sauvée ! Mais pour le lapin, attention : danger !... « Et les bateaux dans la mer, ils ont l'air d'être à l'envers ? » ... Mais non, c'est ce qu'on appelle un reflet !

La tortue et le lièvre discutaient de problèmes de vitesse. Les voilà donc fixant un jour et un endroit pour concourir ; et ils se quittèrent. Au jour dit, le lièvre, confiant dans sa vitesse naturelle, ne se pressa pas de partir ; il se coucha au bord de la route et s'endormit. Mais la tortue, qui savait bien qu'elle était lente, n'arrêta pas de courir et, prenant ainsi de l'avance sur le lièvre endormi, arriva la première au but et gagna le prix.

Sans effort, les dons naturels ne suffisent pas toujours.

Attends un peu. Cette image est à l'envers. Tiens, si on tourne le livre, on comprend mieux : la tortue endormie est tombée au fond du vallon, le lapin, qui s'est endormi lui aussi, est en train de tomber. Si la falaise s'écroulait, ce serait dangereux.

Une falaise, cela ressemble au bord d'un mortier. Ah ! Ah ! Tu ne sais pas ce que c'est qu'un mortier : c'est un pot dans lequel on met des aliments que l'on écrase. C'est bien pour le grand-père qui n'a plus de dents...

Mais un mortier, c'est aussi l'enfer des fourmis.

L'âne revêtu de la peau du lion et le renard

Un âne, ayant revêtu une peau de lion, faisait le tour du pays, effrayant les autres animaux. Il aperçut un renard et voulut l'effrayer aussi. Mais le renard, après l'avoir écouté, lui dit : « N'en doute pas, j'aurais eu peur moi aussi si je ne t'avais pas déjà entendu braire. »

Il y a des gens que leurs airs prétentieux font passer pour ce qu'ils ne sont pas. Mais leur langue les démange si fort que leurs paroles les trahissent.

Monsieur l'âne apprend à jouer la comédie sous la direction du renard. « Rra, rran, c'est moi le lion. Rrhi, rrhan » bafouille-t-il. Son professeur se met en colère : « Eh ! l'âne, tu ne peux pas crier plus fort ? » Mais, en y réfléchissant, il se dit que, même sous une peau de lion, l'âne ne peut pas faire peur... Le lion, lui, s'il se déguisait, à coup sûr il ferait peur.

Mais du lion et du renard, qui est le meilleur ? Le renard, lui, est intelligent.

Le chien et le renard

Un chien trouva une peau de lion et la mit en lambeaux. Ce que voyant, le renard lui dit : « Si ce lion était en vie, tu saurais que ses griffes ont plus de force que tes dents. »

Cette histoire vise à corriger ceux qui tournent en dérision les grands hommes dont la gloire est oubliée.

Voilà que le chien fait des bêtises. « Qu'est-ce que je vois ? » s'écrie le renard furieux. « Holà, imbécile ! Ne touche pas à ce déguisement, c'est défendu ! On en a besoin et tu lui mords la queue ! Oh ! Tu l'as mis en morceaux ! Eh bien, si tu veux te faire pardonner, rapporte cette peau au lion et échange-la contre une autre ! »

Voici ce que je lis.

Le vieux lion et le renard

Un lion, devenu vieux et incapable de se procurer de la nourriture par la force, jugea qu'il fallait le faire par la ruse. Il s'en alla donc dans une caverne et s'y coucha, comme s'il était malade. Et ainsi, quand les animaux vinrent lui rendre visite, il les saisit et les dévora. Beaucoup avaient déjà disparu quand le renard, ayant deviné la ruse, se présenta. Il s'arrêta à distance de la caverne et s'informa de la santé du lion. « Je vais mal », répondit ce dernier, qui lui demanda pourquoi il n'entrait pas. « Moi, fit le renard, je serais rentré si je ne voyais pas de nombreuses traces d'animaux dans un sens mais aucune dans l'autre. »

En faisant attention à certains signes, on peut deviner les dangers et les éviter.

« Monsieur le lion, jouons ensemble ! » propose le renard. Mais le lion est de fort méchante humeur. « Jouer ? Qu'est-ce que tu racontes ? » rugit-il. « Un garnement de chien est venu me demander ma peau en échange d'une vieille peau de lion déchirée. *Tu veux donc ma mort ?* ai-je dit en colère. *C'est le renard qui l'ordonne*, m'a-t-il répondu. Est-ce vrai ? Qui te permet de commander ? » dit le lion très mécontent. « Ce n'était qu'une plaisanterie » répond le renard. « Je vous ai envoyé ce chien pour que

La chèvre et le renard

Un renard, tombé dans un puits, se vit forcé d'y rester. Or une chèvre assoiffée vint au même puits, aperçut le renard et lui demanda si l'eau était bonne. L'autre se réjouit de la rencontre, affirma que l'eau était excellente et engagea la chèvre à descendre. Celle-ci accepta, sans réfléchir, n'écoutant que sa soif. Quand elle eut bien bu, elle discuta avec le renard du moyen de remonter. Le renard prit la parole et dit : « J'ai une idée, à condition que tu veuilles vraiment nous sauver tous les deux.

(suite p. 17)

vous le grondiez. »
　Voilà un beau mensonge. Nous, les renards, nous sommes malins, nous savons bien mentir.

(suite p. 16)

　Il y a dans ce puits une eau qui rend intelligent.
　Voici une chèvre qui arrive. « Donne-moi de cette eau » dit-elle.

(suite p. 17)

15

Le renard qui n'avait jamais vu de lion

Un renard n'avait jamais vu de lion. Or le hasard le mit un jour en face de ce fauve. Comme il le voyait pour la première fois, il eut si peur qu'il faillit en mourir. L'ayant rencontré une deuxième fois, il en eut un peu moins peur. Et quand il le vit pour la troisième fois, il osa s'en approcher pour causer avec lui.

*L'habitude adoucit tout,
même les choses les plus effrayantes.*

    Le renard revient voir le lion. « Nous vous avons mis en colère. Pour que vous nous pardonniez, laissez-nous vous construire un château » lui dit-il. Il lui fait alors un château avec, tout autour, un fossé profond et une grande barrière. C'est cela qui est écrit. « Ainsi vous pourrez résister à l'attaque d'au moins cent chiens » lui dit à peu près le renard. « Hum ! rugit le lion, je suis satisfait. Ce château est magnifique et personne ne viendra l'assaillir. Je suis désormais en sécurité et je vais enfin pouvoir dormir en paix. Quel bonheur ! »

Aie la gentillesse de bien appuyer tes pattes avant contre le mur et de dresser tes cornes en l'air. Je remonterai par là et, après, je te tirerai en haut, toi aussi. » La chèvre se prêta avec complaisance à la proposition et le renard, grimpant prestement le long des pattes, des épaules et des cornes de sa compagne, se retrouva à l'entrée du puits, d'où il s'éloigna aussitôt. Comme la chèvre lui reprochait de ne pas tenir sa parole, l'autre se retourna et dit : « Hé, camarade, si tu avais autant de jugeote que de poils au menton, tu ne serais pas descendue avant d'avoir examiné le moyen de remonter. »

Il faut réfléchir avant d'agir.

Qu'y a-t-il, Renardeau ? Tu voudrais avoir le même château ? Essaie un peu d'y habiter. Tes ennemis ne pourraient pas y entrer, mais toi tu ne pourrais pas en sortir !

Regarde la chèvre. Elle est descendue pour boire. Elle espérait sans doute devenir intelligente. Mais cette eau est sans effet sur les chèvres.
Ton papa, lui, n'a pas besoin de cette eau et toi, Renardeau, n'approche pas de ce puits. Si tu tombais dedans, tu ne pourrais plus remonter.

17

L'âne sauvage et l'âne domestique

Ayant vu un âne domestique qui broutait dans un endroit bien ensoleillé, un âne sauvage s'approcha pour le féliciter de son embonpoint et de la pâture dont il jouissait. Mais l'apercevant ensuite chargé d'un fardeau et suivi de l'ânier qui le frappait avec un gourdin, il s'écria : « Oh ! je ne te félicite plus ; car je vois que c'est au prix de grands maux que tu jouis de ton abondance. »

On ne peut souhaiter des avantages qu'accompagnent des dangers et des souffrances.

Un âne était attaché à un poirier. Un autre âne vint à passer, qui lui demanda : « Eh toi ! Pourquoi es-tu attaché ? » Bien entendu, celui-ci n'avait rien fait de mal. Alors l'autre ajouta : « Bon, je vais détacher la corde. »

En y réfléchissant, le premier ne se souvenait pas d'avoir été attaché dans son enfance. C'est plus tard, lorsqu'il fut plus grand et qu'il dut porter des charges, qu'on l'attacha.

L'âne
qui portait du sel

Un âne portant du sel traversait une rivière. Il glissa et tomba dans l'eau. Le sel fondit et l'âne se retrouva plus léger. Enchanté de l'aventure, une autre fois qu'il arrivait au bord d'une rivière, avec une charge d'éponges, il crut qu'en se laissant tomber encore il se relèverait plus léger. Il fit donc exprès de glisser. Mais les éponges ayant pompé l'eau, il ne put se relever et périt noyé.

A vouloir faire le malin,
on se précipite parfois dans le malheur.

Pourquoi cela ? C'est sans doute parce que l'homme pensait : « Qu'un âne se sauve, il n'y a pas grand mal. Mais s'il est chargé, c'est ennuyeux ! » Bref, l'âne attaché fut délivré de sa corde. Enfin !... Mais tandis qu'il batifolait, tout joyeux, il tomba dans la rivière. L'homme se mit à crier : « Le blé est trempé et l'âne va se noyer ! Que faire ? Le patron va se fâcher ! »

Cette histoire n'est pas drôle.

La chèvre et l'âne

Un homme nourrissait une chèvre et un âne. Mais la chèvre se mit à jalouser l'âne parce qu'il était trop bien nourri. Et elle lui dit : « Entre la meule du moulin à tourner et les charges à porter, tu mènes une vie de tourments. » Elle lui conseilla donc de faire comme s'il avait perdu la tête et de se laisser tomber dans un trou pour avoir enfin du repos. L'âne suivit le conseil, se laissa tomber et se meurtrit tout le corps. Son maître fit venir le vétérinaire à qui il demanda un remède pour le blessé. L'homme de l'art lui conseilla de faire bouillir le poumon d'une chèvre ; ce remède lui rendrait la santé. La chèvre fut donc tuée pour guérir l'âne.

*En voulant jouer des mauvais tours à son voisin,
on est le premier à faire son malheur.*

On dirait que l'âne s'est cassé une patte. Le vétérinaire est venu le soigner. « Tu n'aurais pas dû le relâcher ! » a dit le patron en colère...
Mais la chèvre du milieu de la page a l'air de savoir la vérité et gronde l'âne. « Il ne fallait pas détacher la corde, c'est pour cela que cet idiot d'âne s'est cassé la patte. Va lui faire des excuses » dit-elle à peu près.
« Des excuses, des excuses, à qui dois-je faire des excuses ? A l'homme

L'âne et l'ânier

Un âne conduit par un ânier, après avoir fait un peu de chemin, quitta la bonne route et prit à travers des lieux escarpés. Comme il allait tomber dans un précipice, l'ânier, le saisissant par la queue, essaya de l'en détourner. Mais l'âne continuait à tirer vigoureusement en sens inverse. L'homme le lâcha et dit : « Je te cède la victoire. Car c'est une bien mauvaise victoire que tu remportes. »

Cette fable s'applique aux querelleurs.

ou à l'âne ? » dit l'âne du milieu de la page. La chèvre est bien embarrassée. Le livre ne dit rien de plus, et moi, je ne sais plus où j'en suis...

Hum ! Au-dessus du précipice, il y a un autre âne. On dit pourtant que c'est dangereux, le bord d'un précipice !... Attends un peu ! C'est expliqué ici : « Ce n'est pas un autre âne ; c'est l'âne qui s'est cassé la patte. » Ah ! l'ordre des images est inversé !

L'homme et la cigale

Un homme attrapa une sauterelle et la tua. Il prit également une cigale et allait la tuer quand celle-ci lui dit : « Monseigneur, à quoi bon me tuer ? Renoncez-y. Je ne cause aucun dommage aux épis de blé et je ne fais rien qui puisse vous nuire. Il y a dans mon corps une fine membrane. Je la fais vibrer et mon chant réjouit les voyageurs. Je ne suis rien d'autre qu'une voix. » En entendant cela, l'homme relâcha la cigale...

Regarde le champ à droite : le blé a enfin mûri, mais quelqu'un est venu le voler. Ce blé s'appelle « blé-des-poules » et il semble qu'on le vole beaucoup.

Le fermier s'est caché dans un champ de fleurs et il fait le guet pour surprendre le coupable. C'est alors qu'une cigale vole vers lui. L'homme l'attrape d'un geste rapide. « Eh ! C'est toi le voleur de blé ! » hurle-t-il. « Non, non, lorsque le blé était mûr, j'étais encore sous terre. Moi, je n'ai jamais vu de blé mûr » répond la cigale.

La fourmi

La fourmi d'aujourd'hui était jadis un homme qui cultivait la terre mais qui ne se contentait pas de ses propres récoltes. Car cet homme regardait d'un œil envieux celles des autres et ne cessait de dérober les fruits de ses voisins. Zeus, le roi des dieux, fâché de voir qu'il voulait toujours plus, le changea en l'animal que nous appelons fourmi. Mais s'il a changé de forme, celui-ci n'a pas changé de caractère. Aujourd'hui encore, il parcourt les champs, ramasse le blé et l'orge du voisin et le met en réserve pour lui.

Les gens naturellement méchants ont beau être punis très sévèrement, ils ne changent pas pour cela de caractère.

Renardeau, pouvoir dire : « à ce moment-là, je n'y étais pas », c'est ce que l'on appelle « avoir un alibi ». Bref, c'est comme dans un roman policier : comment trouver le coupable, tout est là ! En vérité, il se passe sous terre des choses bizarres, mais notre homme ne peut pas les voir. Tiens ! Sur l'arbre, il y a un indice...

Alors qui est le coupable ?

As-tu deviné, Renardeau ? En tout cas, ce n'est certainement pas la taupe.

L'homme et le renard

Un paysan détestait un renard qui faisait beaucoup de dégâts chez lui. Il l'attrapa et, pour bien se venger, lui attacha à la queue une mèche d'étoupe imbibée d'huile qu'il enflamma. Mais un malin génie fit aller le renard dans les champs de l'homme qui avait mis le feu. Or c'était justement le moment de la moisson. Et le paysan poursuivit le renard en pleurant sur sa récolte perdue.

La colère se retourne souvent contre les coléreux.

Quoi ? Le feu !... Mais oui, bien sûr : ce sont les coupables de l'affaire du « blé-des-poules » qui ont allumé le feu pour effacer toutes les traces. C'est du moins ce que vont penser les gens sans expérience. En réalité, les coupables sont des fourmis, et les fourmis n'allument pas de feu. C'est l'homme qui, pour faire sortir les coupables en les enfumant, aura mis le feu à l'entrée du trou ! Et il est écrit : « A la suite de tout cela, le feu a pris dans le champ de blé. »

Moralité : on peut perdre tout son blé pour avoir voulu en sauver

Le corbeau et le renard

Un corbeau, qui avait volé un morceau de fromage, s'était perché sur un arbre. Un renard l'aperçut et, voulant que le fromage lui revienne, se posta devant le corbeau. Il le félicita de son allure et de sa beauté, ajoutant même que personne n'était mieux fait que lui pour être le roi des oiseaux et qu'il le serait sûrement s'il avait une belle voix. Le corbeau voulut lui montrer que la voix non plus ne lui manquait pas. Il lâcha le fromage et poussa de grands cris. Le renard se précipita et, saisissant le morceau, dit : « O corbeau, si tu avais aussi un peu de tête, il ne te manquerait rien pour devenir le roi des oiseaux. »

Cette fable est une leçon pour les sots.

quelques grains.

Cette histoire a pour titre : « La suggestion du renard. »
« Hé, corbeau ! Tu te permets de manger la lune ? Quel effronté ! Tu as très faim, mais attends un peu : dans deux semaines, c'est la pleine lune. Elle sera donc deux fois plus grosse ! » Mais le corbeau ne répond rien. Il a le bec plein et, comme il tient la lune dans son bec, il ne peut souffler mot.

La cigale et les fourmis

C'était l'hiver, les grains étaient mouillés, les fourmis le faisaient sécher. Une cigale, qui avait faim, leur demanda de quoi manger. Celles-ci lui dirent : « Pourquoi, pendant l'été, n'amassais-tu pas, toi aussi, des provisions ? — Je n'en avais pas le temps, répondit la cigale, je chantais mélodieusement. » Les fourmis lui rirent au nez : « Eh bien, si tu chantais en été, danse en hiver. »

*Ne soyons jamais négligents
si nous voulons éviter soucis et danger.*

Il neige ! Comme les hommes n'aiment pas la neige, ils restent dans la maison à s'amuser. Tiens ! Voilà quelqu'un qui arrive.
Ah ! Ah ! C'est l'homme qui avait attrapé une cigale tout à l'heure. Il s'est déguisé en musicien et tandis qu'il s'en allait de-ci, de-là, à la recherche des coupables du « blé-des-poules », l'hiver est arrivé. Il fait froid. Il n'a rien à manger. Il aperçoit une lumière au loin : une maison où les gens ont l'air de danser ! « Peut-être vont-ils m'admettre en leur compagnie » pense-t-il en s'approchant.

Encore la cigale ? Elle arrive au bon moment. Mais elle s'est donc sauvée ?...

Hum ! C'est juste, Renardeau : la cigale avait un alibi et n'avait donc pas besoin de se sauver.

Tu as raison. J'ai oublié de lire. « La cigale ne s'est pas sauvée » dit le livre. Elle est venue avertir les fourmis : « Un homme vous cherche, faites attention. »

Entre insectes, on s'entraide.

Voici l'oiseau du crocodile. Cet oiseau picore la nourriture restée coincée entre les dents du reptile. En somme, il les lui nettoie !

Le crocodile et l'oiseau du crocodile vivent en s'entraidant : c'est ce que pensent certains savants, mais on ne le dirait pas !

Et voilà, à droite, un héron malin qui montre au renard les bons procédés du crocodile et de l'oiseau du crocodile. Ce coquin de héron a une idée derrière la tête. « Monsieur le renard, dit-il, je suis dentiste. Je vais vous

Le loup et le héron

Un loup avait avalé un os. Il courait partout, cherchant qui le débarrasserait de son mal. Il rencontra un héron et lui demanda d'enlever l'os contre paiement. Alors le héron plongea sa tête dans le gosier du loup, retira l'os puis réclama le prix convenu. « Hé, l'ami, répondit l'autre, ne te suffit-il pas d'avoir retiré la tête saine et sauve de la gueule du loup, te faut-il encore un salaire ? »

*N'attendons pas de reconnaissance des méchants.
Soyons déjà contents s'ils sont seulement
ingrats sans être, en plus, injustes.*

nettoyer les dents comme fait l'oiseau du crocodile. » C'est que le héron, depuis longtemps, en veut au renard... Tout en se faisant passer pour un dentiste, il s'approche, dans l'intention de piquer du bec l'endroit le plus tendre de la gorge du renard, tout au fond !

C'est ce que dit le livre. Crois-tu normal que le renard se laisse prendre au piège ? Il est bien trop malin. Sans qu'il se donne le moindre mal, un mets délicieux lui tombe dans la gueule !

Le renard et la cigogne

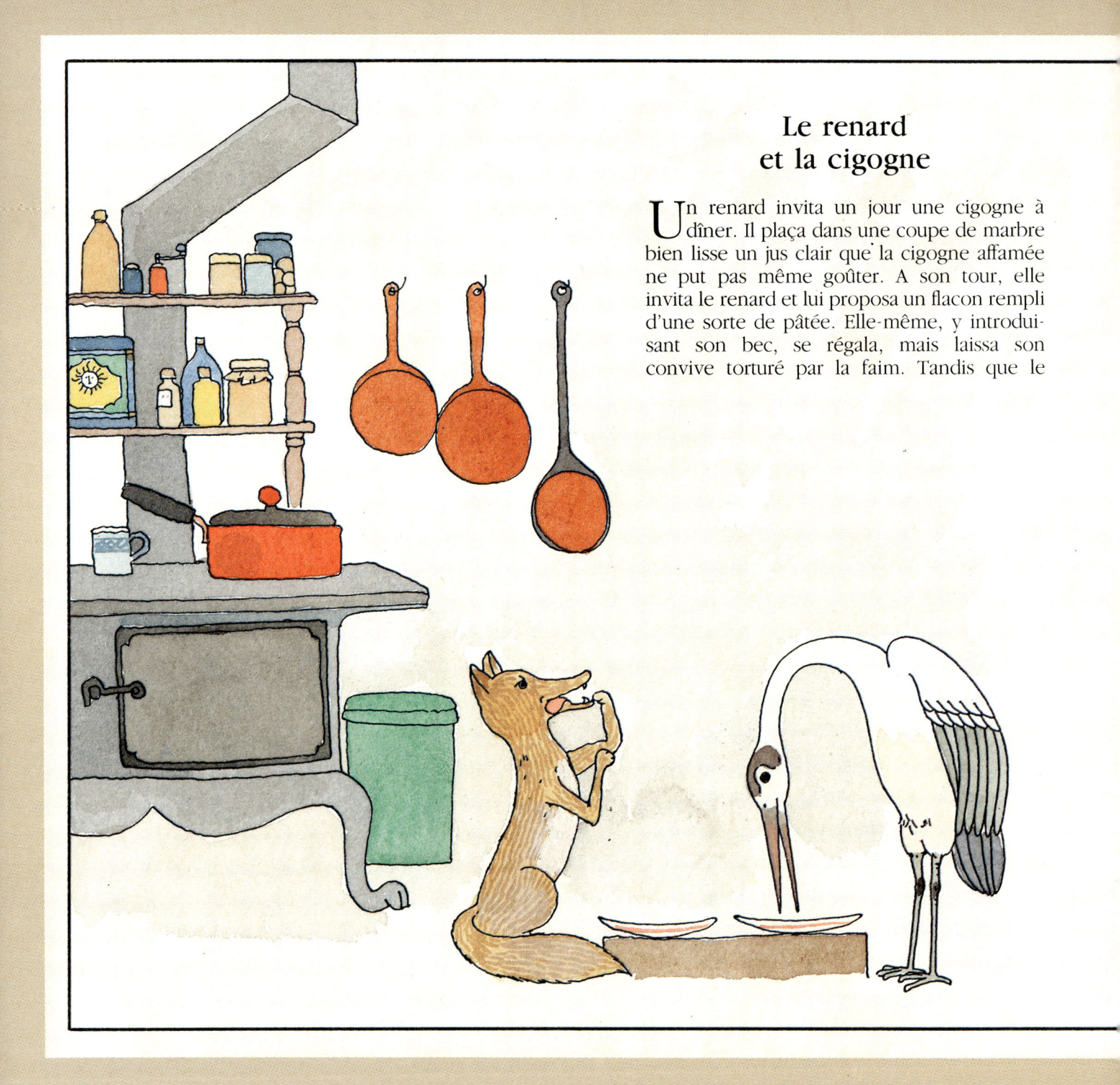

Un renard invita un jour une cigogne à dîner. Il plaça dans une coupe de marbre bien lisse un jus clair que la cigogne affamée ne put pas même goûter. A son tour, elle invita le renard et lui proposa un flacon rempli d'une sorte de pâtée. Elle-même, y introduisant son bec, se régala, mais laissa son convive torturé par la faim. Tandis que le

« La cigogne s'acquitte de sa dette », tel est le titre de l'histoire.
Le renard a invité la cigogne à déjeuner. Qu'y a-t-il dans cette assiette ? Un poisson ! C'est la gourmandise préférée de la cigogne. Elle mange adroitement, comme si elle se servait de pincettes. Le renard n'est pas aussi adroit. Qu'arriverait-il s'il se plantait une arête en travers de la gorge ?
A droite, c'est la cigogne qui a invité le renard. Mais on ne peut pas

renard essayait sans succès de lécher l'intérieur du goulot, l'oiseau voyageur prononça ces mots : « Celui qui a donné l'exemple doit supporter, sans protester, le même traitement. »

*Il ne faut pas être méchant.
Celui qui fait du mal à quelqu'un
mérite qu'on lui rende la pareille.*

dire qu'elle s'acquitte bien de sa dette : dans ces jarres, il doit y avoir du miel ou du lait. Le renard, qui a de bonnes manières, incline légèrement la jarre et boit par petites gorgées. Mais la cigogne, comment s'y prend-elle ? Elle enfonce son cou dans la jarre ! Quelle imprudence !

Garde-toi bien de l'imiter, Renardeau, ne serait-ce que pour te protéger de tes ennemis.

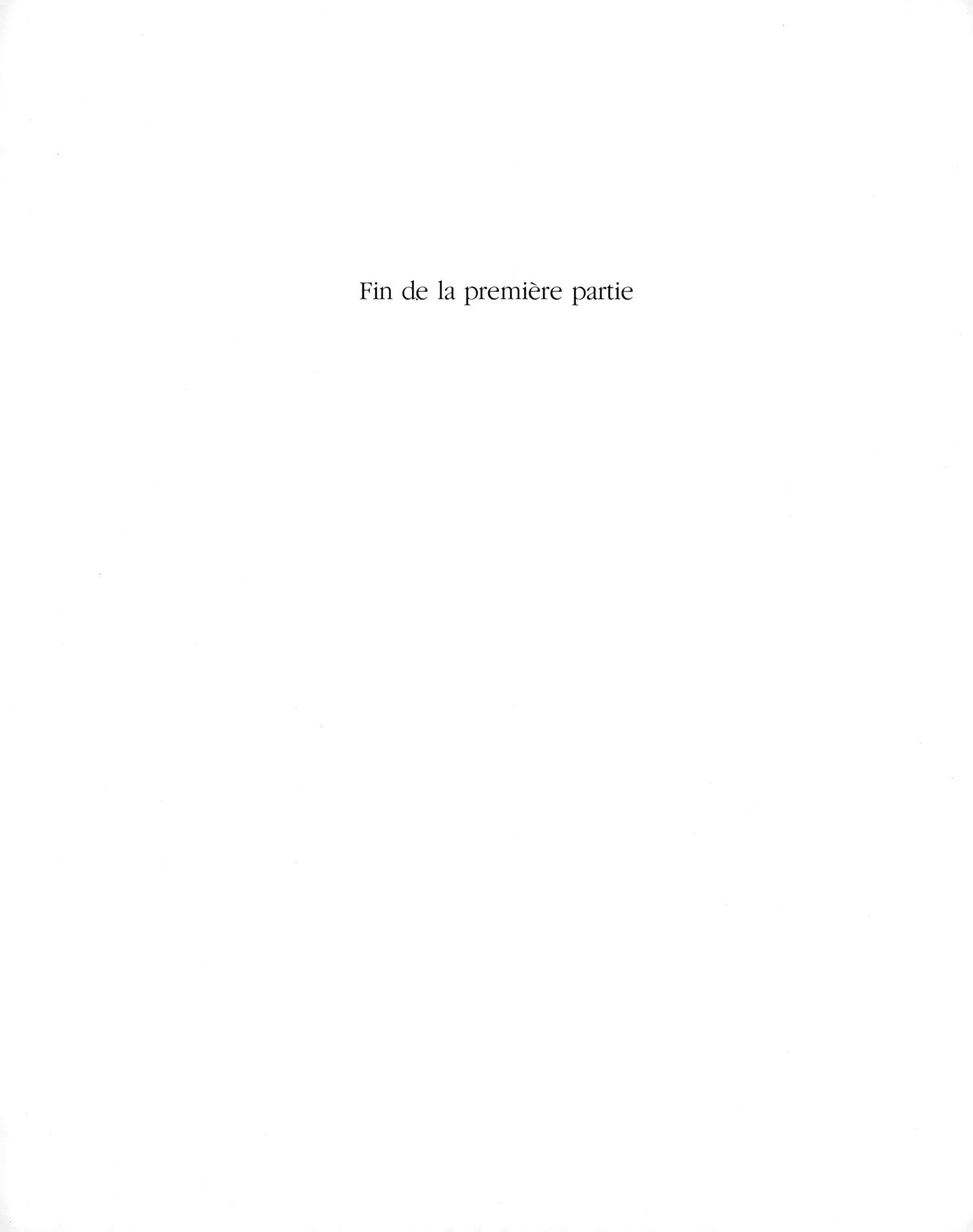

Fin de la première partie

Deuxième partie

Comme cela a été dit, cet album fut découvert par Renardeau à la lisière d'un bois.
Après lui avoir lu la première partie, son papa s'est senti très fatigué. Il lui a dit d'essayer de comprendre par lui-même les images de la deuxième partie. Mais Renardeau a voulu que son papa continue à lui faire la lecture. Certes, les histoires étaient intéressantes mais, même si elles ne l'étaient pas, il suffisait à Renardeau que son papa, tout près de lui, lui raconte n'importe quoi...
Voilà pourquoi il a insisté : « Allez... Lis ! » Le papa renard a grogné : il ne pouvait plus lire sans lunettes et, d'ailleurs, il n'avait pas de dictionnaire. Pourtant, il s'est remis à lire. Lisons donc, nous aussi, et ne nous demandons pas pourquoi ses lunettes lui manquaient tellement, alors qu'il a l'œil si perçant au moment d'attaquer ses proies.

Le berger qui criait au loup

Un jeune berger qui menait son troupeau assez loin de chez lui s'amusait sans cesse au jeu que voici : il appelait les habitants du village à son secours, en criant que les loups attaquaient ses moutons. Deux ou trois fois les gens s'effrayèrent et sortirent précipitamment, puis ils se retirèrent en riant. Mais, à la fin, il arriva que des loups se présentèrent réellement. Ils se mirent à égorger le troupeau, et le berger appela au secours les villageois. Ceux-ci, s'imaginant qu'il plaisantait comme à l'habitude, s'inquiétèrent peu de lui. Et il perdit ainsi tous ses moutons.

*Les menteurs ne gagnent qu'une chose :
on ne les croit pas, même quand ils disent la vérité.*

    On dirait que le garçon a volé une poule. « Les villageois en colère se sont lancés à sa poursuite » dit le livre.
    Voler des poules, c'est l'affaire des renards. Est-ce que, par hasard, les enfants des hommes en feraient autant ? Quand les gens découvrent que c'est un enfant qui a fait le coup, il y a peu de chances pour qu'ils se mettent tous à le poursuivre. « Les villageois, dit le livre, ont décidé un peu vite qu'il s'agissait d'un renard métamorphosé en garçon ! »

34

De nos jours, il est naturel que les hommes croient à la « métamorphose des renards ». Car il est évident que « seuls les renards volent des poules ». Bien que les belettes, les chats ou les serpents en volent aussi...

Renardeau, il ne faut pas voler ! Si un homme t'attrapait, quelle tristesse pour ton papa !

C'est moi qui le ferai donc à ta place et te rapporterai tout ce qui t'est nécessaire.

Les enfants du laboureur

Les enfants d'un laboureur ne s'entendaient pas. Leur père avait beau les encourager à ne plus se disputer, ses paroles n'arrivaient pas à les faire changer de sentiments. Aussi décida-t-il de leur donner une leçon. Il leur dit de lui apporter un fagot de brindilles. Quand ils eurent exécuté son ordre, il leur donna les brindilles réunies et leur dit de les casser. Mais malgré tous leurs efforts, ils n'y réussirent point. Alors il dénoua les brindilles et les leur donna une à une. Ils les cassèrent facilement. « Eh bien, dit le père, vous aussi, mes enfants, si vous restez unis, vos ennemis ne pourront vous vaincre. Mais si vous êtes divisés, ils y arriveront facilement. »

L'union fait la force.

Et voici la suite. En comptant les poules, les villageois s'aperçurent qu'il n'en manquait aucune et qu'ils s'étaient donc trompés en poursuivant le jeune garçon.

« Nous sommes bien coupables à son égard, dirent-ils. Il faut lui présenter nos excuses. » A lui, mais aussi au renard ! « Invitons le garçon à un banquet ! »

Pendant ce temps-là, les moutons galopent. Le garçon galope aussi en criant : « Au loup, au loup ! Au secours ! » Est-ce vraiment le loup ? Oui, le voilà.

Compte un peu les moutons. L'un d'eux a-t-il été attrapé ? Non, ils sont au complet. Les villageois n'ont pas fait attention aux cris du garçon. « Tout occupés qu'ils sont à faire la fête, ils n'entendent rien » dit le livre.

La poule aux œufs d'or

Un homme avait une belle poule qui pondait des œufs d'or. Croyant qu'elle avait dans le ventre un tas d'or, il la tua et la trouva semblable aux autres poules. Il avait espéré trouver la richesse d'un seul coup. Il se priva même du petit profit qu'il tenait déjà.

Il faut se contenter de ce que l'on a et ne pas désirer toujours davantage.

« C'est le chat qui a raison ». Voilà le titre de l'histoire. Jette un coup d'œil sur l'homme à gauche. Il dit : « Regarde, la mère, ce qu'a fait ce bandit de renard. S'il avait emporté cette poule pour la manger, on comprendrait. Mais il l'a tuée pour s'amuser, l'affreux bandit ! »

Ce bonhomme se trompe. Écoute ce que crie le chat : « Ce n'est pas le renard, l'assassin de la poule, c'est un homme ! »

Deux inspecteurs de police sont arrivés. « Ils ont déclaré — on ne sait

L'avare

Un avare avait échangé toute sa fortune contre de l'or en barre. Ce lingot, il l'enterra au même endroit que son cœur et sa tête. Et tous les jours, il venait voir son trésor. Or un ouvrier l'observa, devina ce qu'il cachait, déterra le lingot et l'emporta. Quelque temps après, l'avare vint aussi et, trouvant la place vide, se mit à gémir et à s'arracher les cheveux. Comme il l'avait vu se lamenter ainsi et après s'être informé du motif, un passant lui dit : « Ne te désespère pas, l'ami. Tout en ayant de l'or, tu n'en avais pas vraiment. Prends donc une pierre, mets-la à la place du lingot et imagine que c'est ton or. Elle remplira pour toi le même rôle car, à ce que je vois, même au temps où l'or était là, il ne te servait à rien. »

A quoi bon posséder des richesses si on n'en profite pas ?

pas pourquoi — que le malfaiteur était gaucher. » C'est du moins ce qui est écrit. Mais chez les renards, il n'y a pas de gaucher. Quant au malfaiteur, il a abandonné son pot à beurre et il a carrément disparu. Comme les renards, il s'est glissé dans un trou. Mais pourquoi a-t-il tué la poule ? Parce que son enfant était malade et qu'il voulait lui donner du foie de poule pour le guérir.

D'accord, Renardeau ? Toi aussi, tu manges du foie.

Les deux chiens

Un homme avait deux chiens. Il dressa l'un à chasser et fit de l'autre un gardien du foyer. Or, quand le chien de chasse sortait pour prendre quelque gibier, le maître en jetait une partie à l'autre chien aussi. Mécontent, le chien de chasse fit des reproches à son camarade : c'était lui qui sortait et avait le mal en toute occasion, tandis que l'autre, sans rien faire, profitait de son travail. Alors le chien de garde répondit : « Eh mais ! ce n'est pas moi qu'il faut blâmer, mais notre maître qui m'a appris, plutôt qu'à travailler, à vivre du travail des autres. »

Les enfants paresseux ne sont pas à blâmer quand leurs parents les élèvent ainsi.

Les animaux se racontent quelque chose à voix basse. Il paraît qu'un bébé est né dans cette maison. « On va fêter l'événement » dit le livre.
Regarde : le père et la mère font les préparatifs. Les animaux, tous ensemble, se sont mis à chanter. Ils sont très excités à l'idée de cette fête : « Ouah, ouah ! bêê, bêê ! meuh, meuh ! cot, cot, cot ! » C'est toute une chorale ! Mais le cochon n'est pas là. Il doit être dans la cour, derrière la

Le laboureur et les chiens

Un laboureur se trouva bloqué dans sa ferme par le mauvais temps. Ne pouvant sortir pour se procurer de la nourriture, il mangea d'abord ses moutons. Puis, comme le mauvais temps persistait, il mangea aussi ses chèvres. Enfin, il en vint à ses bœufs de labour. Alors les chiens, voyant ce qui se passait, se dirent entre eux : « Il faut nous en aller d'ici. Car si le maître a osé toucher aux bœufs qui travaillent avec lui, comment nous épargnera-t-il ? »

Méfions-nous particulièrement de ceux qui ne craignent pas de faire du mal, même à leurs proches amis.

maison.

Les animaux sont inquiets. « Quand un bébé naît, dit le livre, il occupe tout le monde à plein temps. Le reste est remis à plus tard. Ne vont-ils pas oublier aussi de nous servir les repas du matin et du soir ? »

Quand tu étais un bébé, Renardeau, ta maman ne pensait qu'à toi. En tout cas, elle semblait ne rien voir d'autre que son Renardeau.

La femme et ses servantes

Une veuve, dure au travail, avait de jeunes servantes qu'elle éveillait au chant du coq pour les mettre à la tâche. Épuisées de fatigue, celles-ci décidèrent de tuer le coq de la maison. A leurs yeux, c'était lui qui causait leur malheur en éveillant leur maîtresse avant le jour. Mais quand elles eurent exécuté leur projet, leur état en fut aggravé car la maîtresse, à qui le coq n'indiquait plus l'heure, les faisait lever de plus grand matin encore pour les mettre au travail.

Chez beaucoup de gens, ce sont leurs propres décisions qui causent leurs malheurs.

« Ces gens sont très occupés à donner du grain aux poules » dit le livre. Des poules ? Voilà des animaux bien trop gros pour être des poules ! Pourquoi les engraisse-t-on à ce point ?

Ah ! Ce doit être pour le foie ! Un renard de France m'a raconté que, là-bas, ce sont les oies que l'on engraisse ainsi. Quand elles sont gavées, leur foie grossit et les gens le mangent.

Cela s'appelle « le foie gras ».

La femme et la poule

Une femme veuve avait une poule qui lui pondait tous les jours un œuf. Elle s'imagina que, si elle lui donnait plus d'orge, sa poule pondrait deux fois par jour. Elle augmenta donc la ration. Mais la poule, devenue grasse, ne fut même plus capable de pondre une fois le jour.

Lorsque l'on veut toujours avoir plus que ce que l'on possède, on perd même ce que l'on a.

En somme, ces gens veulent faire du foie gras avec leurs poules. « Dégoûté, un poulet a essayé de se sauver » dit le livre. A notre époque où tant de poules sont prêtes à tout, même à manger sur commande, il s'est sauvé parce qu'il était dégoûté qu'on le force à manger. Cette volaille a du mérite.

Pour nous les renards, ce serait contraire à nos principes d'attraper un pareil poulet. Telle est la moralité.

Le rat de ville
et le rat
des champs

Regarde la petite fille sur la page de droite. Il n'y a pas si longtemps, c'était encore un bébé, et la voilà grande !

Le grand-père faisait la sieste mais, entendant une jolie petite voix, il a prêté l'oreille. « Ah ! se dit-il, elle a dû arriver » et il se lève. « Bonjour, grand-père ! » s'exclame-t-elle. « Tu as marché jusqu'ici ? Ou est-ce ta maman qui t'a portée sur son dos ? Ah, bravo ! Et, en plus, tu sais dire bonjour ! » répond le grand-père tout joyeux.

Un rat des champs avait pour ami un rat de ville. Ce dernier, invité par celui-là, s'empressa d'aller dîner à la campagne. Mais comme il n'y avait à manger que de l'herbe et du blé, il dit : « Sais-tu bien, mon ami, que tu mènes une vie de fourmi ? Moi, au contraire, j'ai des biens en abondance. Viens avec moi, je les mets tous à ta disposition. » Ils partirent aussitôt tous les deux. Le rat de ville fit voir à son camarade des légumes et du blé, et avec cela des figues, du fromage, du miel et des fruits. L'autre, émerveillé, le bénissait de tout son cœur et maudissait son propre sort. Comme ils se préparaient à commencer le festin, un homme soudain ouvrit la porte. Effrayés par le bruit, nos rats se précipitèrent peureusement dans les fentes. Puis, alors qu'ils revenaient pour prendre des figues sèches, une autre personne vint chercher quelque chose à l'intérieur de la chambre. A sa vue, ils se ruèrent encore une fois dans un trou pour s'y cacher. Alors le rat des champs, oubliant la faim, soupira et dit à l'autre : « Adieu, mon ami. Tu manges à volonté et tu t'en donnes à cœur joie, mais au prix du danger et de mille craintes. Moi, pauvret, je vais vivre en grignotant de l'orge et du blé, mais sans craindre ni soupçonner personne. »

Mieux vaut mener une existence simple et paisible que de nager dans les délices en ayant peur.

Pour une petite fille, c'est un plaisir d'écouter son grand-père lui lire un livre. Le grand-père, lui aussi, a envie de lui faire la lecture. Mais sa vue a baissé et il ne distingue plus très bien les lettres. Alors, de temps en temps, il invente une histoire au hasard. Sa petite fille est très sage et l'écoute patiemment.

Et toi, Renardeau, écoutes-tu patiemment ? Il est vrai que ton papa lit sans se tromper !

45

Un forgeron avait un chien. Quand l'homme forgeait, le chien dormait. Mais lorsque le premier se mettait à manger, l'animal venait se mettre à ses côtés. Le forgeron, lui ayant jeté un os, lui dit : « Malheureuse bête, toujours endormie. Quand je frappe mon enclume, tu dors. Mais quand je remue les mâchoires, aussitôt tu t'éveilles. »

Les gens endormis et paresseux qui vivent du travail des autres se reconnaîtront dans cette fable.

Le forgeron et son chien

Dans la maison de gauche, il y a un chat ; dans la maison de droite, quatre souris. Chaque jour, le chat attrape une souris. On demande combien de jours il lui faudra pour faire disparaître toutes les souris. Ah ! C'est un exercice de calcul.

Mais non, en y réfléchissant, je vois que c'est autre chose. Cet homme est un forgeron qui fait « clong, clang, clong ». Son voisin est un musicien qui fait « pling, pling ».

Le joueur de lyre

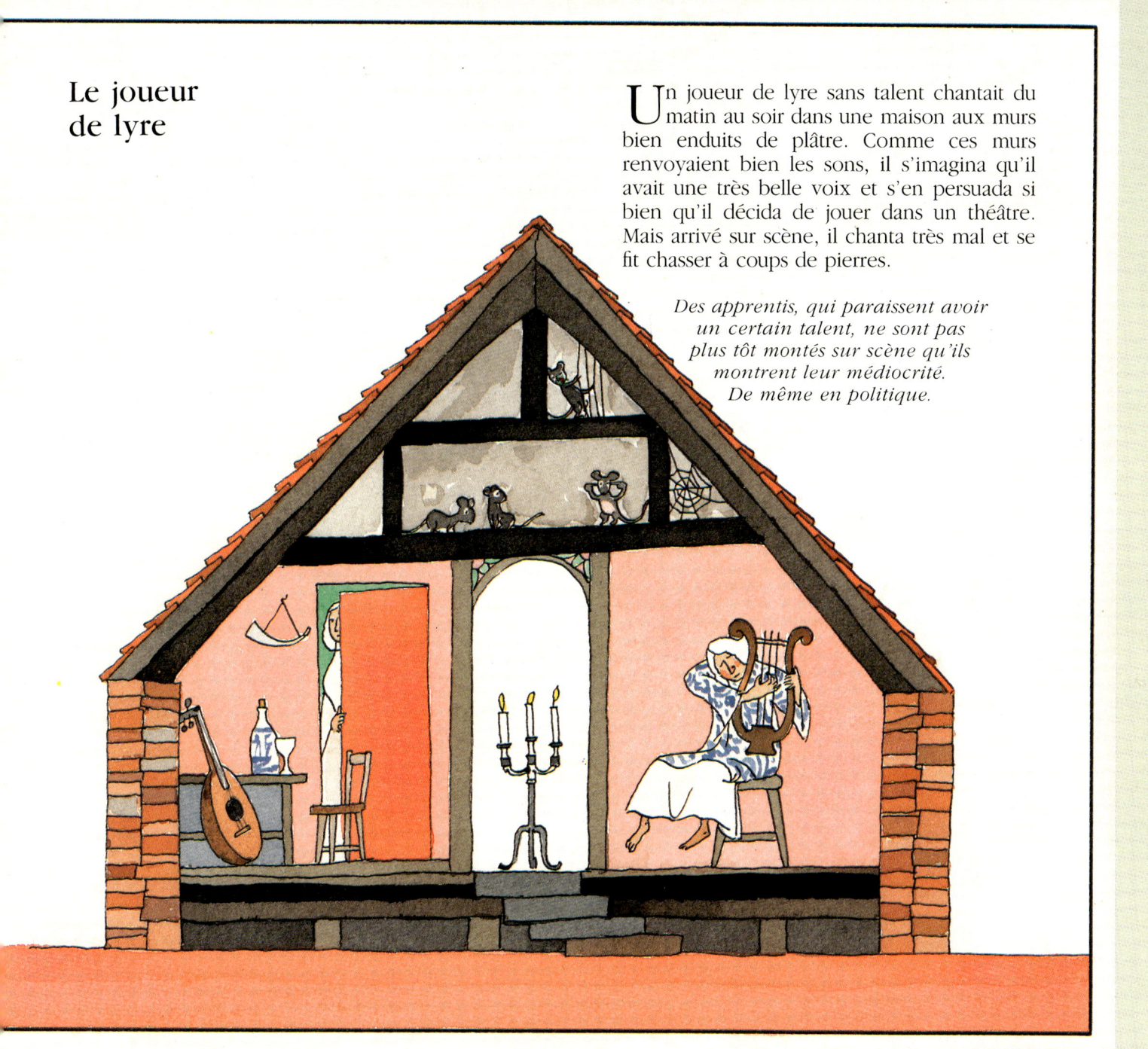

Un joueur de lyre sans talent chantait du matin au soir dans une maison aux murs bien enduits de plâtre. Comme ces murs renvoyaient bien les sons, il s'imagina qu'il avait une très belle voix et s'en persuada si bien qu'il décida de jouer dans un théâtre. Mais arrivé sur scène, il chanta très mal et se fit chasser à coups de pierres.

*Des apprentis, qui paraissent avoir un certain talent, ne sont pas plus tôt montés sur scène qu'ils montrent leur médiocrité.
De même en politique.*

J'ai compris ! J'ai oublié le nom de cet homme, mais c'est un musicien célèbre. Il est en train de composer un morceau de musique. Au début, il trouvait désagréable le « clong, clang, clong » de son voisin. Mais, peu à peu, ce bruit lui a semblé très musical. Alors, il a composé une aubade appelée « Le forgeron de la forêt ».

Dommage qu'on ne puisse pas l'entendre mais, quand tu seras grand, Renardeau, tu auras sûrement l'occasion de l'écouter.

La magicienne

Une magicienne prétendait fournir des sortilèges et les moyens d'apaiser la colère des dieux. Elle ne manquait jamais de clients et gagnait ainsi largement sa vie. Mais cette occupation lui valut d'être accusée d'inventer une nouvelle religion. Elle fut traduite en justice et condamnée à mort. Comme elle sortait du tribunal, un passant lui dit : « Eh, femme, toi qui te disais capable de détourner la colère des dieux, comment n'as-tu même pas pu convaincre de simples hommes ? »

*Les diseuses de bonne aventure promettent monts
et merveilles mais ne se sortent pas mieux
que les autres d'un mauvais pas.*

On vend des melons. La voiture en est pleine. Ce sont des melons cultivés de la main même du marchand, comme l'indique le panneau qui représente une main.

Un homme est venu en acheter. « Baissez vos prix ! dit-il. Le marchand de fruits et légumes, là-bas, les donne pour rien. » Là-dessus, tout le monde se met à réclamer : « Moins cher, moins cher ! » Mais la patronne réplique : « Qu'est-ce qui vous prend ? C'est ce qu'ils valent ! »

L'astronome

Un astronome avait l'habitude de sortir tous les soirs pour observer les astres. Or un jour qu'il errait dans les faubourgs de la ville, perdu dans la contemplation du ciel, il tomba par mégarde dans un puits. Comme il se lamentait et criait, un passant entendit ses gémissements, s'approcha et, apprenant ce qui était arrivé, lui dit : « Hé, l'ami, tu veux voir ce qu'il y a dans le ciel, et tu ne vois pas ce qui est sur la terre ! »

On pourrait appliquer cette fable à ceux qui font les vantards sur des questions extraordinaires mais sont incapables de se conduire dans la vie quotidienne.

Baissera ? Baissera pas ? Il a dû y avoir une bagarre... Un homme a glissé et il est tombé dans le puits. Regarde : « Il ne faut pas jouer près d'un puits » dit le livre. Toi non plus, Renardeau, tu ne dois pas jouer près d'un puits. Une autre personne s'écrie : « Holà ! Je vais t'aider. » Mais il y a aussi un sale bonhomme qui profite de la pagaille pour emporter en courant le sac de quelqu'un d'autre.

Celui qui emporte les affaires des autres, on l'appelle un « voleur ».

Le chasseur peureux et le bûcheron

Un chasseur cherchait la piste d'un lion. Il demanda à un bûcheron s'il avait vu des empreintes de la bête et où elle se cachait. « Je vais, répondit l'autre, te montrer le lion lui-même. » Le chasseur devint blanc de peur et, claquant des dents, dit : « C'est la piste seulement que je cherche, et non le lion lui-même. »

Cette fable apprend à reconnaître les gens hardis et lâches à la fois, c'est-à-dire ceux qui sont hardis en paroles et lâches en actions.

Ils se sont tous lancés à la poursuite du voleur, mais ils l'ont perdu de vue.

Il y a là un brave lion, « le lion qui fourre son nez partout » dit le livre. Il a l'air de croire que l'homme qui est perché sur l'arbre est le voleur. Mais le voleur de tout à l'heure avait un chapeau vert, n'est-ce pas ? Or, cet homme a un chapeau rouge. Il n'est donc pas le voleur. A moins qu'il ne se soit déguisé... Il est monté sur un grand arbre pour regarder au loin. « Pour

Le renard et le berger

Un lion poursuivait un cerf. Celui-ci s'enfuit sans faire de bruit et se réfugia dans une épaisse forêt de chênes. Le lion se plaça à l'entrée de la forêt et demanda à un berger si par hasard il avait vu un cerf qui se mettait à l'abri. L'homme dit qu'il ne l'avait pas vu mais, en même temps, il tendit la main en montrant l'endroit. Et le lion eut vite fait de découvrir le pauvre cerf. Témoin de la scène, un renard dit alors au berger : « Tu es donc en même temps lâche et méchant, lâche vis-à-vis du lion, méchant vis-à-vis du cerf. »

sûr, dit-il, il y a quelque chose de louche dans ce buisson. »

Bref, trois hommes et un lion poursuivent le voleur. Quoi ? Tu dis qu'il y a un autre criminel ? Sans doute un autre lion ?... Ah ! Celui-ci ? Dans ce cas, je me suis trompé : ce n'est pas un lion, mais un renard.

Comprends-tu ? Ce renard est un « spectateur ». Il n'a pris parti pour personne et se contente d'observer en silence. Il comprend bien les sentiments des uns et des autres. Et il en est touché, c'est sûr !

Le brigand et le mûrier

Un brigand, après avoir assassiné un homme sur une route, et se voyant poursuivi par ceux qui se trouvaient là, abandonna sa victime ensanglantée et s'enfuit. Mais des voyageurs, qui venaient en sens inverse, lui demandèrent ce qui lui avait souillé les mains. Il répondit qu'il venait de descendre d'un mûrier aux fruits bien rouges. Comme il disait cela, ceux qui le poursuivaient le rejoignirent, le saisirent et le pendirent à un mûrier. Alors celui-ci lui dit : « Je ne suis pas fâché de servir à ton supplice. C'est toi, en effet, qui as commis le meurtre, et c'est sur moi que tu en as essuyé le sang. »

Des personnes d'un bon naturel n'hésitent pas à se montrer méchantes vis-à-vis de ceux qui disent du mal d'elles.

L'homme attaché au tronc de mûrier doit être le voleur. Pourtant, il porte une barbe, et le voleur au chapeau vert n'avait pas de barbe. Il a dû se déguiser...
Les gens qui l'ont attaché sont allés chercher la police.
Il faudra écouter ce que le prisonnier dira pour sa défense. C'est à la fin du procès qu'on saura s'il est vraiment le voleur.

Le noyer

Un noyer, qui se trouvait au bord d'une route et que les passants frappaient à coups de pierres, se disait en soupirant : « Malheureux que je suis de m'attirer tous les ans des insultes et des douleurs ! »

Il y a des gens qui ne retirent que des ennuis de leurs propres bienfaits.

A ce sujet, les renards sont bien à plaindre. Aux yeux des hommes, ils sont tous pareils. Même les renards innocents sont persécutés. Les enfants, quant à eux, sont gentils. Ils ramassent des noix pour les donner au voleur. L'homme a dû leur demander de détacher ses cordes. Dans cette situation, Renardeau, que ferais-tu ?

« Défense aux enfants de détacher les cordes » dit le livre.

Les bûcherons et le pin

Des bûcherons fendaient un pin. Dans son bois, ils avaient d'abord taillé des coins et ainsi le coupaient facilement. Et le pin disait : « Je n'en veux pas tant à la hache qui me coupe qu'aux coins qui sont nés de moi. »

Un étranger qui nous fait souffrir
nous fait moins mal qu'un proche parent.

Cette histoire s'appelle « Le rêve du bûcheron ». L'homme coupe des arbres pour fabriquer des maisons, des tables, etc. Avec les chutes, on fait du charbon de bois ou du bois de chauffage.

Regarde à droite : la mère et l'enfant lui ont apporté son déjeuner. Pour amuser l'enfant, on lui a fabriqué une balançoire mais, comme il embête son père en lui tirant les cheveux, sa mère le gronde : « Sois sage. Papa

Les chênes et Zeus

Les chênes se plaignaient à Zeus : « C'est en vain, disaient-ils, que nous sommes venus au jour. Car, plus que tous les autres arbres, nous sommes exposés aux coups brutaux de la hache. » Zeus leur répondit : « C'est vous-mêmes qui êtes les auteurs de votre malheur. Si vous ne produisiez pas les manches de cognée et si vous ne serviez pas à la charpenterie et à l'agriculture, la hache ne vous abattrait pas. »

*Certains hommes, qui sont les auteurs de leurs maux,
en rejettent sottement la faute sur les dieux.*

est fatigué et il a sommeil. »

Oui, le papa est fatigué et il a fini par s'endormir. Il rêve, et dans son rêve une pensée lui vient : « Que faire pour passer l'hiver sans encombre ? »

Qu'arrive-t-il alors, à ton avis ? Regarde la page de gauche. Le papa rêve qu'il coupe du bois. Il a ôté sa chemise et il brandit un énorme maillet. « C'est un rêve, dit le livre, il casse du petit bois jusque dans son rêve. »

Le bûcheron et Hermès

Un homme qui coupait du bois au bord d'une rivière avait perdu sa hache. Aussi, ne sachant que faire, il s'était assis sur la berge et pleurait. Hermès, qui avait appris la cause de sa tristesse, le prit en pitié. Il plongea dans la rivière, en rapporta une hache d'or et lui demanda si c'était celle qu'il avait perdue. L'homme lui ayant répondu que ce n'était pas celle-là, il plongea de nouveau et en rapporta une d'argent. Le bûcheron déclara que celle-ci non plus n'était pas la sienne. Alors Hermès plongea une troisième fois et lui rapporta sa propre hache. L'homme affirma que c'était bien celle-là qu'il avait perdue. Et le dieu, charmé par sa probité, les lui

Ces hommes sont des illusionnistes. Ils font toutes sortes de tours de magie. « Approchez, Mesdames et Messieurs, j'ai ici une hache en or. Pour vous, je vais l'avaler ! Il n'y a aucun trucage ! »

Ce sont bien des haches que les illusionnistes ont en main. Combien de haches, Renardeau ? Ils en ont trois, mais il y en a d'autres qui sont cachées dans l'eau. Pour nous, spectateurs, combien sont donc visibles ?

donna toutes les trois. Revenu près de ses camarades, le bûcheron leur conta son aventure. L'un d'eux se mit en tête d'en obtenir autant. Il se rendit au bord de la rivière et lança à dessein sa hache dans le courant, puis s'assit en pleurant. Hermès lui apparut à lui aussi et, apprenant le sujet de ses pleurs, plongea et lui rapporta une nouvelle hache d'or. Et comme il demandait à l'homme si c'était celle qu'il avait perdue, celui-ci, tout joyeux, s'écria : « Oui, c'est bien elle. » Mais le dieu, ayant horreur de tant d'effronterie, non seulement garda la hache d'or, mais ne lui rendit même pas la sienne.

Autant les dieux sont favorables aux honnêtes gens, autant ils détestent les malhonnêtes.

C'est juste : deux haches. Et tu dis qu'il y a deux illusionnistes ? D'accord. Ça se voit bien.

Comment ! Tu t'imagines qu'ils ont transformé les haches en fer pour en faire des haches en or ? Qui t'a raconté une chose pareille ? Un illusionniste en serait incapable.

Seule une fée, peut-être, le pourrait.

Le naufragé et la mer

Rejeté sur le rivage, un marin, qui avait fait naufrage, s'était endormi, vaincu par la fatigue. Mais il ne tarda pas à se réveiller et, voyant la mer, lui reprocha de séduire les hommes par son air tranquille puis, quand ils s'y sont aventurés, de devenir sauvage et de les faire périr. La mer prit alors la forme d'une femme et lui dit : « Mais, mon ami, ce n'est pas à moi, c'est aux vents qu'il faut adresser tes reproches. Car moi, je suis naturellement telle que tu me vois à présent. Ce sont les vents qui, tombant sur moi à l'improviste, me soulèvent et me rendent sauvage. »

Il ne faut pas accuser l'auteur d'une injustice quand il agit sur les ordres de quelqu'un. Ce sont ceux qui lui commandent qu'il faut rendre responsables.

Ce doit être une page publicitaire : « Après la pluie, le beau temps ». Et : « Sécurité garantie à moindre coût ». C'est une publicité pour une compagnie d'assurances.

Un bateau a sombré dans la tempête. Pauvre passager ! Pourtant il ne se fait pas trop de souci. Regarde la page de droite : sans s'émouvoir, il fait sécher ses habits mouillés. Car il sait qu'en pareil cas l'assurance va lui payer un nouveau bateau.

Borée et le Soleil

Entre Borée, le vent du Nord, et le Soleil, c'était à qui serait le plus fort. Ils décidèrent de donner le prix à celui des deux qui dépouillerait un voyageur de ses vêtements. Borée commença. Il souffla avec violence. Comme l'homme serrait ses habits sur lui, il l'attaqua avec plus de force. Mais le voyageur, de plus en plus refroidi, ajouta un vêtement, si bien que Borée, vexé, le livra au Soleil. Celui-ci, tout d'abord, brilla modérément puis, l'homme ayant ôté son vêtement supplémentaire, envoya des rayons ardents jusqu'à ce que le voyageur, qui ne pouvait plus résister à la chaleur, ôte son habit et s'en aille prendre un bain dans la rivière voisine.

Plus fait douceur que violence.

Il existe aussi des assurances sur la vie. Pour les hommes comme pour les renards, les parents, ça compte ! Si ton papa tombait malade, ou se blessait... Oui, Renardeau, tu as raison : il n'y aurait plus personne pour te lire ce livre. Mais si on avertissait l'assurance, ils trouveraient peut-être quelqu'un pour le faire à la place de ton papa.

Hein ? Tu dis qu'il serait impossible avec de l'argent d'acheter un autre papa ?... Mon Renardeau !

Les navigateurs

Des gens s'étaient embarqués sur un bateau. Quand ils furent au large, une violente tempête se déclara et le navire fut sur le point de sombrer. L'un des passagers déchirait ses vêtements, invoquait les dieux de son pays avec larmes et gémissements, et leur promettait des offrandes s'ils sauvaient le navire. Mais la tempête cessa, le calme revint, et tous se mirent à bien manger, à danser, à sauter comme des gens qui viennent d'échapper à un danger inattendu. Alors le capitaine, un homme qui avait la tête solide, leur dit : « Mes amis, réjouissons-nous, mais comme des gens qui reverront peut-être la tempête. »

*Il ne faut pas trop
se vanter de ses succès.
La chance peut tourner.*

Regarde, encore une tempête ! Cette fois-ci, ce n'est pas de la publicité. C'est une tempête en mer. Ça bouge encore plus que pour un tremblement de terre. C'est vraiment terrible !

Mais comme le bateau est assuré, s'il coule, les gens toucheront de l'argent. Voyons un peu : combien de personnes y a-t-il dans ce bateau ? Dix. Ah ! Le calcul est simple. Si elles touchent cent francs en tout, cent divisé par dix, cela fait combien par personne ? Facile !

Les deux ennemis

Deux hommes, qui se haïssaient, naviguaient sur le même navire. L'un s'était placé à la poupe, l'autre à la proue. Une tempête survint. Le navire allait couler. L'homme qui était à la poupe demanda alors au capitaine quelle partie du bateau devait couler la première. « La proue », dit le capitaine. « Alors, reprit l'homme, la mort n'a rien de triste pour moi si je dois voir mon ennemi mourir avant moi. »

Beaucoup de gens ne s'inquiètent pas du malheur qui leur arrive, pourvu qu'ils voient leurs ennemis malheureux avant eux.

Quoi ? Tu demandes qui va toucher l'argent ? Ça, ça dépend des compagnies d'assurances. Je ne suis pas au courant des détails. Mais tu as raison, Renardeau : si ces gens ne sont pas sauvés, l'argent versé par l'assurance ne sera pas pour eux, c'est évident. Voilà pourquoi ils insistent désespérément pour être sauvés.

Tu dis que, s'ils sont sauvés, ils ne toucheront rien ? Bien sûr ! Mais ne vaut-il pas mieux encore être sauvé ?

UNE LEÇON DE LECTURE

par le « Professeur » Anno

Prenez un livre et lisez-le comme bon vous semble : à l'endroit, à l'envers, de gauche à droite, de droite à gauche. Cette image à l'endroit représente un chemin, une piste de course pour le lièvre et la tortue ; à l'envers, un mortier pour écraser les fourmis. Deux manières de voir. Ici, vous chercherez en vain les fourmis : elles se sont cachées sans doute ; mais en revanche, sur une autre page, contre toute attente, vous rencontrerez des animaux cachés dans les arbres. C'est naturellement beaucoup plus intéressant d'être dérouté, d'avoir à chercher.

Bien sûr, ce que vous déchiffrez ne ressemble guère à ce qu'Ésope racontait, mais les images vous disent une histoire qui vous touche, qui vous rappelle quelque chose que vous connaissez.

Souvenez-vous, lorsque vous étiez petit, quand vous preniez un livre, vous vous isoliez pour suivre du doigt les images en vous racontant des histoires — vos histoires. Vous tourniez le livre dans tous les sens. D'une certaine manière, vous inventiez votre texte. On vous dira que vous étiez alors analphabète ; on ne vous avait pas encore appris à lire. Mais lire, n'est-ce pas comprendre des signes ? Et ces signes sont aussi dans l'image.

Lorsque je voyage, je visite le monde en analphabète, et c'est précisément ce qui m'incite à tout observer avec attention. Regarder. Chercher à comprendre. Deviner. S'arrêter. Prendre plaisir à se promener à son rythme. C'est la même chose avec les livres.

Pour cette raison, j'aime les livres d'images sans texte. Souvent un texte écrit donne trop vite, à celui qui le déchiffre, l'impression de tout comprendre. Il faut prendre le temps d'observer, de deviner. A nous de trouver les clés de l'histoire.

Chacun de nous est unique et lit les livres à sa manière. Chacun lit le monde avec ce qu'il est lui-même. Quand j'étais enfant, je m'amusais, la tête en bas, à regarder le monde à l'envers. Je tournais le monde dans tous les sens pour mieux le comprendre. Tous les points de vue sont intéressants. C'est pour cela que je trouve si bon de découvrir à plusieurs un même livre. Renardeau comprend les images à sa manière ; il éprouve du plaisir à écouter la « lecture » commentée que lui en fait Papa Renard. Plus tard, il découvrira autrement les fables d'Ésope.

*Propos imaginés par Geneviève Patte
à partir d'entretiens réels
avec Mitsumasa Anno.*

Titre original : Kitsune ga hirotta Isoppu monogatari
First published in Japanese in 1987 by Iwanami Shoten, Publishers, Tokyo
Illustrations and Original Japanese text © 1987 by Mitsumasa Anno
© 1990, Circonflexe, pour l'édition en langue française
ISBN 2-87833-021-8
Photocomposition par C.M.L., Montrouge : le texte des Fables d'Esope en Garamond
romain corps 11, celui des Fables de Monsieur Renard en Futura 45 corps 13
Imprimé par Partenaires (45330 Malesherbes)
Dépôt légal : septembre 1990
Loi n° 49-956 du 16-07-49 sur les publications destinées à la jeunesse

---

Note de l'éditeur : pour l'essentiel, la traduction des Fables d'Esope est celle d'E. Chambry, Paris, Les Belles Lettres, 4ᵉ tirage, 1985. Sur des points de détail cependant, elle a été adaptée, pour la rendre plus accessible à de jeunes lecteurs, par J. Brisson. M. Anno est naturellement l'auteur des Fables de Monsieur Renard.